Papst Franziskus

Laudate Deum – Lobt Gott

Das Apostolische Schreiben
zur Enzyklika Laudato si'

APOSTOLISCHES SCHREIBEN

LAUDATE DEUM

DES HEILIGEN VATERS
PAPST FRANZISKUS

AN ALLE MENSCHEN GUTEN WILLENS
ÜBER DIE KLIMAKRISE

Papst Franziskus

Laudate Deum – Lobt Gott

Apostolisches Schreiben
zur Enzyklika Laudato si'

benno

Bibliografische Information der Deutschen Nationalbibliothek
Die Deutsche Nationalbibliothek verzeichnet diese Publikation in der Deutschen Nationalbibliografie; detaillierte bibliografische Daten sind im Internet unter http://dnb.d-nb.de abrufbar.

Besuchen Sie uns im Internet:
www.st-benno.de

Gern informieren wir Sie unverbindlich und aktuell auch in unserem Newsletter zum Verlagsprogramm, zu Neuerscheinungen und Aktionen.
Einfach anmelden unter www.vivat.de.

ISBN 978-3-7462-6529-2

Umschlaggestaltung: Ulrike Vetter, Leipzig
Umschlagfoto: © picture alliance/ZUMAPRESS.com/Domenico Cippitelli
Gesamtherstellung: Kontext, Dresden (A)

INHALT

HINFÜHRUNG

1. „Lobt Gott für all seine Geschöpfe.“ Dies war die Aufforderung, die der heilige Franz von Assisi mit seinem Leben, seinen Liedern, seinen Taten zum Ausdruck brachte. Damit griff er die Einladung der biblischen Psalmen auf und gab die Feinfühligkeit Jesu für die Geschöpfe seines Vaters wieder: „Lernt von den Lilien des Feldes, wie sie wachsen: Sie arbeiten nicht und spinnen nicht. Doch ich sage euch: Selbst Salomo war in all seiner Pracht nicht gekleidet wie eine von ihnen“ (Mt 6,28–29). „Verkauft man nicht fünf Spatzen für zwei Pfennige? Und doch ist nicht einer von ihnen vor Gott vergessen“ (Lk 12,6). Wie könnten wir diese Zärtlichkeit Jesu für all jene, die uns auf unserem Weg begleiten, nicht bewundern?

2. Es sind nun schon acht Jahre seit der Veröffentlichung der Enzyklika Laudato si’ vergangen. Damals wollte ich mit euch allen, meinen Schwestern und Brüdern auf unserem leidenden Planeten, meine tiefe Besorgnis um den Erhalt unseres gemeinsamen Hauses teilen. Aber mit der Zeit

wird mir klar, dass wir nicht genügend reagieren, während die Welt, die uns umgibt, zerbröckelt und vielleicht vor einem tiefen Einschnitt steht. Abgesehen von dieser Möglichkeit besteht kein Zweifel daran, dass die Auswirkungen des Klimawandels das Leben vieler Menschen und Familien zunehmend beeinträchtigen werden. Wir werden seine Folgen unter anderem in den Bereichen der Gesundheit, der Arbeitsplätze, des Zugangs zu den Ressourcen, des Wohnraums und der Zwangsmigration spüren.

3. Es ist ein globales soziales Problem, das eng mit der Würde des menschlichen Lebens zusammenhängt. Die Bischöfe der Vereinigten Staaten haben den sozialen Sinn unserer Sorge um den Klimawandel, der über einen rein ökologischen Ansatz hinausgeht, sehr gut zum Ausdruck gebracht, denn „unsere Sorge füreinander und unsere Sorge für die Erde sind eng miteinander verbunden. Der Klimawandel ist eine der größten Herausforderungen für die Gesellschaft und die globale Gemeinschaft. Die Auswirkungen des Klimawandels gehen zu Lasten der am meisten gefährdeten Menschen, sei es im eigenen Land oder auf der ganzen Welt“.[1] Mit anderen Worten sagten

dies auch die Bischöfe auf der Amazonas-Synode: „Die Attentate gegen die Natur haben Konsequenzen für das Leben der Völker."[2] Und um deutlich zum Ausdruck zu bringen, dass es sich nicht mehr um ein zweitrangiges oder ideologisches Thema handelt, sondern um ein Drama, das uns allen schadet, erklärten die afrikanischen Bischöfe, dass der Klimawandel „ein schockierendes Beispiel für eine strukturelle Sünde"[3] darstellt.

4. Die Überlegungen und Informationen, die wir in diesen vergangenen acht Jahren sammeln konnten, ermöglichen uns, das bereits vor einiger Zeit Gesagte genauer zu bestimmen und zu ergänzen. Aus diesem Grund und weil die Situation immer dringlicher wird, wollte ich diese Gedanken nun mit euch teilen.

1. DIE GLOBALE KLIMAKRISE

5. Wie sehr man auch versuchen mag, sie zu leugnen, zu verstecken, zu verhehlen oder zu relativieren, die Anzeichen des Klimawandels sind da und treten immer deutlicher hervor. Niemand kann ignorieren, dass wir in den vergangenen Jahren Zeugen von extremen Phänomenen, häufigen Perioden ungewöhnlicher Hitze, Dürre und anderem Wehklagen der Erde geworden sind, die nur einige greifbare Ausprägungen einer stillen Krankheit sind, die uns alle betrifft. Es stimmt, dass nicht jede einzelne Katastrophe automatisch auf den globalen Klimawandel zurückgeführt werden kann. Es ist jedoch nachweisbar, dass bestimmte von der Menschheit verursachte Veränderungen des Klimas die Wahrscheinlichkeit immer häufigerer und intensiverer Extremereignisse deutlich erhöhen. So wissen wir, dass mit jedem Anstieg der globalen Temperatur um 0,5 Grad Celsius auch die Intensität und Häufigkeit von starken Regenfällen und Überschwemmungen in einigen Gebieten und schweren Dürren in anderen zunehmen; ebenso kommt es in einigen

Regionen vermehrt zu extremer Hitze und andernorts zu starken Schneefällen.[4] Wenn wir früher einige Male im Jahr eine Hitzewelle hatten, was wird dann bei einem globalen Temperaturanstieg von 1,5 Grad Celsius geschehen, dem wir uns nähern? Solche Hitzewellen werden viel häufiger sein und eine stärkere Intensität haben. Bei einem Anstieg von mehr als 2 Grad würden die Eisschilde Grönlands vollständig schmelzen und ein Großteil der Antarktis[5] – mit enormen und sehr ernsten Folgen für alle.

WIDERSTAND UND VERWIRRUNG

6. In den vergangenen Jahren hat es nicht an Personen gefehlt, welche diese Beobachtung kleinreden wollten. Sie führen vermeintlich wissenschaftlich fundierte Daten an, wie die Tatsache, dass der Planet schon immer Phasen der Abkühlung und Erwärmung hatte und haben wird. Sie versäumen dabei die Erwähnung einer anderen relevanten Gegebenheit: dass das, was wir jetzt erleben, eine ungewöhnliche Beschleunigung der Erwärmung ist, und zwar mit einer solchen

Geschwindigkeit, dass eine einzige Generation – nicht Jahrhunderte oder Jahrtausende – genügt, um dies wahrzunehmen. Der Anstieg des Meeresspiegels und das Schmelzen der Gletscher können von einem Menschen während seiner Lebenszeit leicht wahrgenommen werden, und wahrscheinlich werden in wenigen Jahren viele Menschen aufgrund dieser Ereignisse umsiedeln müssen.

7. Um diejenigen ins Lächerliche zu ziehen, die über die globale Erwärmung sprechen, wird die Tatsache angeführt, dass es auch oft zu extremen Kälteeinbrüchen kommt. Dabei wird vergessen, dass diese und andere außergewöhnliche Symptome lediglich alternative Ausdrucksformen derselben Ursache sind, nämlich des globalen Ungleichgewichts, das durch die Erderwärmung verursacht wird. Sowohl die Dürren als auch die Überschwemmungen, sowohl die austrocknenden Seen als auch die durch Flutwellen oder Überschwemmungen ausgelöschten Populationen haben letztlich dieselbe Ursache. Andererseits dürfen wir, wenn wir von einem globalen Phänomen sprechen, dies nicht mit vorübergehenden und wandelbaren Ereignissen verwechseln, die sich weitgehend durch lokale Faktoren erklären lassen.

8. Der Mangel an Informationen führt dazu, dass große Klimaprojektionen, die lange Zeiträume umfassen – wir sprechen von mindestens Jahrzehnten –, mit Wettervorhersagen verwechselt werden, die höchstens ein paar Wochen umfassen können. Wenn wir über den Klimawandel sprechen, beziehen wir uns auf eine globale Wirklichkeit – mit ständigen lokalen Abweichungen –, die über mehrere Jahrzehnte anhält.

9. Es mangelt nicht an Personen, die in einer sehr vereinfachenden Sicht der Wirklichkeit den Armen die Schuld dafür geben, weil sie viele Kinder haben, und die sogar versuchen, das Problem zu lösen, indem sie die Frauen in weniger entwickelten Ländern verstümmeln. Wie immer scheinen die Armen schuld zu sein. Aber die Wirklichkeit ist, dass ein kleiner Prozentsatz der Reichsten auf der Erde die Umwelt mehr verschmutzt als die ärmsten 50 Prozent der gesamten Weltbevölkerung und dass die Pro-Kopf-Emissionen der reichsten Länder um ein Vielfaches höher sind als die der ärmsten.[6] Wie können wir vergessen, dass Afrika, wo mehr als die Hälfte der ärmsten Menschen der Welt leben, nur für einen winzigen Bruchteil der in der Geschichte angefallenen Emissionen verantwortlich ist?

10. Es wird auch oft behauptet, dass die Bemühungen zur Eindämmung des Klimawandels durch die Verringerung der Nutzung fossiler Brennstoffe und die Entwicklung sauberer Energieformen zu einem Rückgang der Arbeitsplätze führen würden. Tatsache ist, dass Millionen von Menschen aufgrund der verschiedenen Folgen des Klimawandels ihren Arbeitsplatz verlieren: Der Anstieg des Meeresspiegels, Dürreperioden und viele andere Phänomene, die den Planeten heimsuchen, haben etliche Menschen in Bedrängnis gebracht. Andererseits können der Übergang zu erneuerbaren Energieformen, wenn er gut gesteuert wird, sowie alle Bemühungen zur Anpassung an die Schäden des Klimawandels unzählige Arbeitsplätze in verschiedenen Sektoren schaffen. Dies erfordert, dass Politiker und Unternehmer sich umgehend mit diesem Thema befassen.

DIE MENSCHLICHEN URSACHEN

11. Der menschliche - „anthropogene" - Ursprung des Klimawandels kann nicht mehr bezweifelt werden. Sehen wir uns an, warum. Die

Konzentration der Treibhausgase in der Atmosphäre, die die globale Erwärmung verursachen, blieb bis zum 19. Jahrhundert stabil und lag unter 300 pro eine Million Volumenteilen. Aber in der Mitte jenes Jahrhunderts begannen, zeitgleich mit der industriellen Entwicklung, die Emissionen zu steigen. In den vergangenen fünfzig Jahren hat sich der Anstieg deutlich beschleunigt, wie die Forschungsstation in Mauna Loa, die seit 1958 tägliche Messungen des Kohlendioxids vornimmt, bestätigt. Als ich Laudato si' schrieb, wurde ein Allzeithoch von 400 Teilen pro eine Million und im Juni 2023 423 Teile pro eine Million erreicht.[7] Mehr als 42 Prozent der gesamten Nettoemissionen seit 1850 sind nach 1990 erfolgt.[8]

12. Gleichzeitig stellen wir fest, dass die Temperatur in den vergangenen fünfzig Jahren in noch nie da gewesener Geschwindigkeit gestiegen ist, so schnell wie nie zuvor in den letzten zweitausend Jahren. In diesem Zeitraum war der Trend eine Erwärmung von 0,15 Grad Celsius pro Jahrzehnt, in den letzten 150 Jahren hat sich dieser Wert verdoppelt. Von 1850 bis heute ist die globale Temperatur um 1,1 Grad Celsius gestiegen, ein Phänomen, das in den Polargebieten noch deut-

licher ausgeprägt ist. Bei diesem Tempo kann es sein, dass wir in nur zehn Jahren die erstrebenswerte globale Obergrenze von 1,5 Grad Celsius erreichen.[9] Der Anstieg hat nicht nur an der Erdoberfläche stattgefunden, sondern auch in mehreren Kilometern Höhe in der Atmosphäre, an der Oberfläche der Ozeane und sogar in Hunderten Metern Tiefe. Dies hat auch die Versauerung der Meere verstärkt und ihren Sauerstoffgehalt verringert. Die Gletscher ziehen sich zurück, die Schneedecken nehmen ab und der Meeresspiegel steigt stetig an.[10]

13. Das Einhergehen dieser globalen Klimaphänomene mit dem beschleunigten Anstieg der Treibhausgasemissionen, insbesondere seit Mitte des 20. Jahrhunderts, lässt sich nicht verbergen. Eine überwältigende Mehrheit der Klimawissenschaftler vertritt diese Korrelation und nur ein winziger Prozentsatz von ihnen versucht, diese Evidenz zu bestreiten. Bedauerlicherweise ist die Klimakrise nicht gerade eine Angelegenheit, die die großen Wirtschaftsmächte interessiert, die sich um den höchstmöglichen Profit zu den geringstmöglichen Kosten und in der kürzestmöglichen Zeit bemühen.

14. Ich sehe mich gezwungen, diese Klarstellungen, die offenkundig erscheinen mögen, aufgrund bestimmter abschätziger und wenig vernünftiger Meinungen vorzunehmen, die ich selbst innerhalb der katholischen Kirche vorfinde. Aber wir können nicht mehr daran zweifeln, dass der Grund für die ungewöhnliche Geschwindigkeit dieser gefährlichen Veränderungen eine unbestreitbare Tatsache ist: die gewaltigen Entwicklungen, die mit dem ungezügelten Eingriff des Menschen in die Natur in den letzten zwei Jahrhunderten zusammenhängen. Natürliche Einflüsse, die typischerweise eine Erwärmung verursachen, wie Vulkanausbrüche und andere, reichen nicht aus, um das Ausmaß und die Geschwindigkeit der Veränderungen in den letzten Jahrzehnten zu erklären.[11] Die Entwicklung der durchschnittlichen Oberflächentemperaturen kann ohne den Effekt der zunehmenden Treibhausgase nicht erklärt werden.

SCHÄDEN UND RISIKEN

15. Einige Auswirkungen dieser Klimakrise sind bereits jetzt für mindestens Hunderte von Jahren unumkehrbar, wie der Anstieg der globalen Temperatur der Ozeane, deren Versauerung und Sauerstoffverarmung. Die Ozeangewässer haben eine thermische Trägheit, und es dauert Jahrhunderte, bis sich Temperatur und Salzgehalt normalisieren, was das Überleben vieler Arten beeinträchtigt. Dies ist eines unter vielen Zeichen dafür, dass die übrigen Lebewesen dieser Welt nicht mehr unsere Weggefährten, sondern unsere Opfer sind.

16. Das Gleiche gilt für den Prozess, der zum Rückgang des Kontinentaleises führt. Das Abschmelzen der Pole kann für Hunderte von Jahren nicht rückgängig gemacht werden. Was das Klima betrifft, so gibt es Faktoren, die über lange Zeit weiter andauern, unabhängig von den Ereignissen, die sie ausgelöst haben. Aus diesem Grund können wir den enormen Schaden, den wir verursacht haben, nicht mehr aufhalten. Wir kommen bloß noch rechtzeitig, um noch dramatischere Schäden zu vermeiden.

17. Bestimmte apokalyptische Diagnosen erscheinen oft wenig vernünftig oder unzureichend begründet. Dies sollte uns nicht dazu verleiten, zu ignorieren, dass die reale Möglichkeit besteht, dass wir einen kritischen Punkt erreichen. Kleine Veränderungen können aufgrund der Trägheitsfaktoren große, unvorhergesehene und vielleicht bereits unumkehrbare Veränderungen auslösen. Auf diese Weise würde eine Kaskade von Ereignissen losgetreten, die sich wie ein Schneeballeffekt auswirkt. In einem solchen Fall kommt man immer zu spät, denn kein Eingreifen kann einen solchen einmal begonnenen Prozess aufhalten. Von dort gibt es kein Zurück mehr. Wir können nicht mit Gewissheit sagen, dass dies unter den derzeitigen Bedingungen der Fall sein wird. Es ist aber gewiss eine Möglichkeit, wenn wir die bereits im Gange befindlichen Phänomene berücksichtigen, die das Klima „sensibilisieren", wie zum Beispiel das Schmelzen der Eisschilde, die Veränderung der Meeresströmungen, das Abholzen der tropischen Regenwälder und das Auftauen des Permafrostbodens in Russland.[12]

18. Deshalb braucht es dringend eine erweiterte Sicht der Dinge, die es uns erlaubt, nicht nur über

die Wunder des Fortschritts zu staunen, sondern auch auf andere Auswirkungen zu achten, die man sich vor einem Jahrhundert wahrscheinlich nicht einmal vorstellen konnte. Es wird von uns nichts weiter verlangt als eine gewisse Verantwortung für das Erbe, das wir am Ende unseres Erdendaseins hinterlassen werden.

19. Schließlich können wir hinzufügen, dass die Covid-19-Pandemie die enge Verbindung zwischen dem menschlichen Leben und dem anderer Lebewesen und der Umwelt bestätigt hat. Vor allem aber hat sie bestätigt, dass das, was an irgendeinem Ort der Welt geschieht, Auswirkungen auf den gesamten Planeten hat. Dies erlaubt mir, zwei Überzeugungen zu bekräftigen, auf denen ich bis zum Überdruss bestehe: „Alles ist miteinander verbunden“ und „Niemand rettet sich allein“.

2. DAS WACHSENDE TECHNOKRATISCHE PARADIGMA

20. In Laudato si' habe ich das technokratische Paradigma kurz erläutert, das dem derzeitigen Prozess der Umweltzerstörung zugrunde liegt. Es handelt sich um „ein Verständnis des menschlichen Lebens und Handelns, das fehlgeleitet ist und der Wirklichkeit widerspricht bis zu dem Punkt, ihr zu schaden".[13] Im Grunde genommen besteht es darin, so zu denken, „als gingen die Wirklichkeit, das Gute und die Wahrheit spontan aus der technologischen und wirtschaftlichen Macht selbst hervor".[14] „Von da aus gelangt man" – als logische Konsequenz – „leicht zur Idee eines unendlichen und grenzenlosen Wachstums, das die Ökonomen, Finanzexperten und Technologen so sehr begeisterte."[15]

21. Während der vergangenen Jahre haben wir diese Diagnose bestätigen können und zugleich ein weiteres Fortschreiten dieses Paradigmas erlebt. Die künstliche Intelligenz und die jüngsten technologischen Neuerungen gehen von der Vor-

stellung eines Menschen ohne jegliche Grenzen aus, dessen Fähigkeiten und Möglichkeiten dank der Technologie bis ins Unendliche erweitert werden können. So nährt sich das technokratische Paradigma in ungeheurer Weise von sich selbst.

22. Die natürlichen Ressourcen, die die Technologie benötigt, wie Lithium, Silizium und viele andere, sind gewiss nicht unbegrenzt, aber das größte Problem ist die Ideologie, der eine Besessenheit zugrunde liegt: Die menschliche Macht über alles Vorstellbare hinaus zu steigern, für die die nicht-menschliche Wirklichkeit nur eine Ressource zu ihren Diensten ist. Alles, was existiert, hört auf, ein Geschenk zu sein, das man würdigt, schätzt und pflegt, und wird zum Sklaven, zum Opfer einer beliebigen Laune des menschlichen Geistes und seiner Fähigkeiten.

23. Es ist erschreckend festzustellen: Die erweiterten Möglichkeiten der Technologie „geben denen, welche die Kenntnis und vor allem die wirtschaftliche Macht besitzen, sie einzusetzen, eine beeindruckende Gewalt über die gesamte Menschheit und die ganze Welt. Nie hatte die Menschheit so viel Macht über sich selbst, und

nichts kann garantieren, dass sie diese gut gebrauchen wird, vor allem wenn man bedenkt, in welcher Weise sie sich gerade jetzt ihrer bedient [...]. In welchen Händen liegt so viel Macht, und in welche Hände kann sie gelangen? Es ist überaus gefährlich, dass sie bei einem kleinen Teil der Menschheit liegt."[16]

UNSEREN UMGANG MIT DER MACHT ÜBERDENKEN

24. Nicht jeder Zuwachs an Macht ist ein Fortschritt für die Menschheit. Es genügt, an die „bewundernswerten" Technologien zu denken, die genutzt wurden, um Bevölkerungen zu dezimieren, Atombomben abzuwerfen und ethnische Gruppen auszulöschen. Das waren Momente in der Geschichte, in denen die Bewunderung für den Fortschritt uns verunmöglicht hat, die Schrecken seiner Auswirkungen zu sehen. Doch diese Gefahr besteht immer, „denn das enorme technologische Wachstum ging nicht mit einer Entwicklung des Menschen in Verantwortlichkeit, Werten und Gewissen einher [...]. In diesem Sinne ist er

seiner eigenen Macht, die weiter wächst, ungeschützt ausgesetzt, ohne die Mittel zu haben, sie zu kontrollieren. Er mag über oberflächliche Mechanismen verfügen, doch wir können feststellen, dass er heute keine solide Ethik, keine Kultur und Spiritualität besitzt, die ihm wirklich Grenzen setzen und ihn in einer klaren Selbstbeschränkung zügeln."[17] Es ist nicht verwunderlich, dass eine so große Macht in solchen Händen in der Lage ist, Leben zu zerstören, während die Denkmatrix des technokratischen Paradigmas uns verblendet und uns nicht erlaubt, dieses äußerst ernste Problem der gegenwärtigen Menschheit wahrzunehmen.

25. Entgegen dieses technokratischen Paradigmas sagen wir, dass die Welt um uns herum kein Objekt der Ausbeutung, der ungezügelten Nutzung und unbegrenzter Ambitionen ist. Wir können nicht einmal sagen, dass die Natur ein bloßer „Rahmen" ist, in dem wir unser Leben und unsere Projekte entwickeln, denn „wir sind in sie eingeschlossen, sind ein Teil von ihr und leben mit ihr in wechselseitiger Durchdringung",[18] man „betrachtet die Welt nicht von außen, sondern von innen her".[19]

26. Dies schließt die Vorstellung aus, dass der Mensch ein Außenstehender ist, ein externer Faktor, der nur in der Lage ist, die Umwelt zu schädigen. Er muss als Teil der Natur betrachtet werden. Das menschliche Leben, die Intelligenz und die Freiheit sind in die Natur eingebettet, die unseren Planeten bereichert, und sie sind Teil seiner inneren Kräfte und seines Gleichgewichts.

27. Deshalb ist eine gesunde Umwelt auch das Ergebnis der Interaktion zwischen Mensch und Umwelt, wie es in den indigenen Kulturen der Fall ist und wie es über Jahrhunderte in verschiedenen Regionen der Erde geschehen ist. Menschliche Gruppen haben oft eine Umwelt „erschaffen“[20], sie haben sie in irgendeiner Weise neugestaltet, ohne sie zu zerstören oder zu gefährden. Das große aktuelle Problem ist, dass das technokratische Paradigma diese gesunde und harmonische Beziehung zerstört hat. Allerdings liegt die unabdingbare Überwindung eines solch schädlichen und zerstörerischen Paradigmas nicht in einer Verleugnung des Menschen, sondern beinhaltet die Interaktion der natürlichen Systeme „mit den Sozialsystemen“.[21]

28. Wir müssen alle gemeinsam die Frage nach der menschlichen Macht, nach ihrem Sinn und nach ihren Grenzen neu bedenken. Denn unsere Macht hat sich in nur wenigen Jahrzehnten rasant gesteigert. Wir haben beeindruckende und erstaunliche technologische Fortschritte gemacht, und wir sind uns nicht bewusst, dass wir gleichzeitig zu höchst gefährlichen Wesen geworden sind, die das Leben vieler Geschöpfe und unser eigenes Überleben gefährden können. Wir können heute mit der Ironie von Solowjew wiederholen: „Ein so weit fortgeschrittenes Jahrhundert, dass es, im Übrigen, das Glück hatte, das letzte zu sein".[22] Es braucht Klarheit und Ehrlichkeit, um rechtzeitig zu erkennen, dass unsere Macht und der Fortschritt, den wir erzeugen, sich gegen uns selbst richten.[23]

DER ETHISCHE STACHEL

29. Der ethische Verfall der tatsächlichen Macht wird durch Marketing und falsche Informationen verschleiert, die nützliche Mechanismen in den Händen derer sind, die über größere Mittel ver-

fügen, um durch diese die öffentliche Meinung zu beeinflussen. Wenn ein Projekt mit starken Eingriffen in die Umwelt und erheblich belastenden Auswirkungen geplant ist, werden den Bewohnern des Gebiets mit Hilfe dieser Mechanismen Illusionen gemacht, indem man von dem lokalen Fortschritt spricht, der erzielt werden kann, oder von den wirtschaftlichen, beschäftigungspolitischen und menschlichen Entwicklungsmöglichkeiten, die dies für ihre Kinder bedeuten wird. Aber in Wirklichkeit sind sie nicht wirklich an der Zukunft dieser Menschen interessiert, denn es wird ihnen nicht klar gesagt, dass ein solches Projekt verwüstetes Land hinterlässt; wesentlich ungünstigere Lebens- und Wachstumsbedingungen; eine trostlose Region, weniger bewohnbar, ohne Leben und ohne die Freude des Zusammenlebens und der Hoffnung; ganz zu schweigen von dem globalen Schaden, der schließlich viele andere schädigen wird.

30. Man denke nur an die kurzlebige Freude über das Geld, das man im Austausch für die Lagerung von Atommüll an einem Standort erhält. Das mit diesem Geld erworbene Haus hat sich in ein Grab verwandelt, wegen der Krankheiten,

die ausgelöst wurden. Und ich spreche nicht aus einer wilden Fantasie heraus, sondern aufgrund von etwas, das wir erlebt haben. Man könnte sagen, dass es sich um ein extremes Beispiel handelt, aber wir können hier nicht von „geringeren" Schäden sprechen, denn es ist gerade die Summe vieler als tolerierbar eingeschätzter Schäden, die uns am Ende in diese Situation bringt, in der wir uns jetzt befinden.

31. Diese Situation hat nicht nur mit der Physik oder der Biologie zu tun, sondern auch mit der Wirtschaft und unserer Weise, sie zu verstehen. Die Logik des maximalen Profits zu den niedrigsten Kosten, verschleiert als Rationalität, als Fortschritt und durch illusorische Versprechen, macht jede aufrichtige Sorge um das gemeinsame Haus und jede Sorge um die Förderung der Ausgestoßenen der Gesellschaft unmöglich. In den letzten Jahren konnten wir sehen, dass die Armen, die von den Versprechungen so vieler falscher Propheten verwirrt und entzückt sind, manchmal selbst auf die Täuschung einer Welt hereinfallen, die nicht zu ihren Gunsten aufgebaut wird.

32. Es gibt falsche Vorstellungen von der sogenannten „Leistungsgesellschaft“, die zu einer „verdienten“ menschlichen Macht geworden ist, der sich alles unterordnen muss, zu einer Herrschaft derer, die unter besseren Entwicklungsbedingungen geboren wurden. Es ist eine Sache, eine gesunde Einstellung zum Wert der Anstrengung, zur Entwicklung der eigenen Fähigkeiten und zu einem lobenswerten Initiativgeist zu haben, wenn aber keine wirkliche Chancengleichheit angestrebt wird, wird dies leicht zu einer Projektionsfläche, die die Privilegien einiger weniger mit größerer Macht weiter festigt. Was kümmert sie bei dieser perversen Logik der Schaden am gemeinsamen Haus, wenn sie sich unter dem vermeintlichen Schutzschild der wirtschaftlichen Ressourcen, die sie durch ihre Fähigkeiten und Anstrengungen erworben haben, sicher fühlen?

33. Im eigenen Gewissen und angesichts der Kinder, die für den Schaden ihres Handelns bezahlen werden, stellt sich die Frage nach dem Sinn: Welchen Sinn hat mein Leben, was ist der Sinn meines Erdendaseins, was ist letztlich der Sinn meiner Arbeit und meiner Mühe?

3. DIE SCHWÄCHE DER INTERNATIONALEN POLITIK

34. „Die Geschichte liefert Indizien für einen Rückschritt", sodass „jede Generation sich die Kämpfe und die Errungenschaften der früheren Generationen zu eigen machen und sie zu noch höheren Zielen führen muss. Das ist der Weg. Das Gute, ebenso wie die Liebe, die Gerechtigkeit und die Solidarität, erlangt man nicht ein für alle Male; sie müssen jeden Tag neu errungen werden."[24] Um einen soliden und dauerhaften Fortschritt zu erzielen, plädiere ich dafür, dass „die multilateralen Abkommen zwischen den Staaten favorisiert werden".[25]

35. Es ist nicht angemessen, den Multilateralismus mit einer Weltautorität zu verwechseln, die in einer Person oder einer Elite mit übermäßiger Macht konzentriert ist: „Wenn von der Möglichkeit einer Form von politischer Weltautorität die Rede ist, die sich dem Recht unterordnet, so ist dabei nicht notwendigerweise an eine personale Autorität zu denken."[26] Wir sprechen vor allem

von „wirksameren Weltorganisationen [...], die mit der Autorität ausgestattet sind, das weltweite Gemeinwohl, die Beseitigung von Hunger und Elend sowie die wirksame Verteidigung der Menschenrechte zu gewährleisten".[27] Es geht darum, dass sie mit echter Autorität ausgestattet sein müssen, um die Erfüllung bestimmter unverzichtbarer Ziele zu „gewährleisten". Dies würde zu einem Multilateralismus führen, der nicht von wechselnden politischen Umständen oder den Interessen einiger weniger abhängt und der eine stabile Wirksamkeit hat.

36. Es bleibt bedauerlich, dass man globale Krisen verstreichen lässt, wo sie doch die Chance bieten würden, heilsame Veränderungen herbeizuführen.[28] So war es bei der Finanzkrise 2007–2008 und so war es auch bei der Covid-19-Krise. In der Tat scheint es, „dass die tatsächlichen Strategien, die sich im Anschluss daran weltweit entwickelt haben, auf mehr Individualismus und weniger Integration zielten, auf mehr Freiheit für die wahren Mächtigen, die immer ein Hintertürchen finden".[29]

DEN MULTILATERALISMUS NEU GESTALTEN

37. Die derzeitige Herausforderung scheint nicht so sehr darin zu bestehen, den alten Multilateralismus zu retten, sondern ihn zu rekonfigurieren und unter Berücksichtigung der neuen Weltlage neu zu gestalten. Ich lade dazu ein, anzuerkennen, dass „viele Vereinigungen und Organisationen der Zivilgesellschaft [dabei helfen], die Schwächen der internationalen Gemeinschaft, ihren Mangel an Koordination in komplexen Situationen, ihr Fehlen an Aufmerksamkeit für die grundlegenden Menschenrechte und für äußerst kritische Situationen einiger Gruppen auszugleichen“[30]. Diesbezüglich ist der Ottawa-Prozess gegen den Einsatz, die Produktion und die Herstellung von Antipersonenminen ein Beispiel dafür, wie die Zivilgesellschaft und ihre Organisationen in der Lage sind, effiziente Dynamiken zu schaffen, die die Vereinten Nationen nicht erreichen. Auf diese Weise findet das Subsidiaritätsprinzip auch auf die global-lokale Beziehung Anwendung.

38. Mittelfristig begünstigt die Globalisierung einen spontanen kulturellen Austausch, ein grö-

ßeres Wissen übereinander und Formen der Integration von Menschen, die zu einem Multilateralismus „von unten" führen, der nicht einfach von den Machteliten beschlossen wurde. Die Forderungen, die überall auf der Welt von unten kommen, wo sich engagierte Personen aus den unterschiedlichsten Ländern gegenseitig helfen und begleiten, können letztlich Druck auf die Machtverhältnisse ausüben. Es ist zu hoffen, dass dies im Hinblick auf die Klimakrise geschieht. Deshalb wiederhole ich: „Wenn die Bürger die nationale, regionale und kommunale politische Macht nicht kontrollieren, ist auch keine Kontrolle der Umweltschäden möglich."[31]

39. Die postmoderne Kultur hat eine neue Sensibilität gegenüber den Schwächeren und weniger Mächtigen hervorgebracht. Dies verbindet sich mit meinem Beharren in der Enzyklika Fratelli tutti auf dem Primat der menschlichen Person und der Verteidigung ihrer Würde unabhängig von allen Umständen. Es ist eine andere Art, zum Multilateralismus aufzurufen, um die wirklichen Probleme der Menschheit zu lösen und dabei vor allem die Würde der Person so zu achten, dass die Ethik Vorrang vor lokalen oder umständebedingten Zweckmäßigkeiten hat.

40. Es geht nicht darum, die Politik zu ersetzen, denn auf der anderen Seite gewinnen die aufstrebenden Mächte zunehmend an Bedeutung und sind in der Tat in der Lage, wichtige Ergebnisse bei der Lösung konkreter Probleme zu erzielen, wie einige von ihnen während der Pandemie gezeigt haben. Gerade der Umstand, dass die Antworten auf die Probleme von jedem Land kommen können, mag es auch klein sein, führt dazu, den Multilateralismus als unausweichlichen Weg anzuerkennen.

41. Die alte Diplomatie, die sich ebenfalls in einer Krise befindet, stellt weiterhin ihre Bedeutung und Notwendigkeit unter Beweis. Ihr ist es allerdings noch nicht gelungen, ein Modell multilateraler Diplomatie zu entwickeln, das der neuen Weltlage gerecht wird. Aber wenn sie in der Lage ist, sich neu aufzustellen, dann wird sie Teil der Lösung sein müssen, denn auch die Erfahrung von Jahrhunderten kann nicht verworfen werden.

42. Die Welt ist im Begriff, so multipolar und zugleich so komplex zu werden, dass ein anderer Rahmen für eine effektive Zusammenarbeit erforderlich wird. Es reicht nicht, über Machtgleich-

gewichte nachzudenken, sondern es ist auch notwendig, auf neue Herausforderungen zu antworten und mit globalen Mechanismen auf ökologische, gesundheitliche, kulturelle und soziale Herausforderungen zu reagieren, insbesondere um die Achtung der elementaren Menschenrechte, der sozialen Rechte und der Sorge um das gemeinsame Haus zu festigen. Es geht darum, universale und effiziente Regeln aufzustellen, die diesen weltweiten Schutz gewährleisten.

43. All dies setzt voraus, dass ein neues Verfahren der Entscheidungsfindung und der Legitimierung dieser Beschlüsse umgesetzt wird, weil das vor mehreren Jahrzehnten eingerichtete Verfahren nicht ausreicht und nicht effektiv zu sein scheint. In diesem Kontext sind notwendigerweise Räume des Gesprächs, der Konsultation, der Schlichtung, der Konfliktlösung und der Supervision, letztendlich also eine Art größere „Demokratisierung" auf Weltebene erforderlich, damit die verschiedenen Situationen wahrgenommen und einbezogen werden können. Es wird nicht mehr hilfreich sein, Institutionen aufrechtzuerhalten, die die Rechte der Stärksten wahren, ohne sich um die Rechte aller zu kümmern.

4. DIE KLIMAKONFERENZEN: FORTSCHRITTE UND MISSERFOLGE

44. Seit Jahrzehnten versammeln sich Vertreter von mehr als 190 Ländern regelmäßig, um sich mit der Klimafrage zu befassen. Die Konferenz von Rio de Janeiro im Jahr 1992 führte zum Rahmenübereinkommen der Vereinten Nationen über Klimaänderungen (UNFCCC), einem Vertrag, der in Kraft trat, als die erforderlichen Ratifizierungen durch die Unterzeichnerstaaten im Jahr 1994 erreicht wurden. Diese Staaten versammeln sich jedes Jahr auf der Konferenz der Vertragsparteien (COP), dem höchsten Entscheidungsgremium. Einige dieser Konferenzen sind gescheitert, wie die in Kopenhagen (2009), während andere wichtige Schritte ermöglichten, wie die COP3 in Kyoto (1997). Deren bedeutendes Protokoll legte das Ziel fest, die gesamten Treibhausgasemissionen im Vergleich zu 1990 um 5 Prozent zu reduzieren. Die Frist war 2012, aber offenkundig wurde sie nicht eingehalten.

45. Alle Vertragsparteien verpflichteten sich außerdem, Anpassungsprogramme einzuführen,

um die bereits bestehenden Auswirkungen des Klimawandels zu verringern. Außerdem wurde eine Unterstützung zur Deckung der Kosten dieser Maßnahmen in Entwicklungsländern vorgesehen. Das Protokoll ist 2005 in Kraft getreten.

46. Später wurde ein Mechanismus für durch den Klimawandel herbeigeführte Schäden und Verluste vorgeschlagen, der die reichsten Länder als Hauptverantwortliche ausmacht und darauf abzielt, die verursachten verheerenden Auswirkungen in den schwächsten Ländern auszugleichen. Es geht nicht mehr darum, die „Anpassung" dieser Länder zu finanzieren, sondern darum, die Schäden zu kompensieren, die sie bereits erlitten haben. Dieses Thema war Gegenstand wichtiger Diskussionen bei verschiedenen COP.

47. Die COP21 in Paris (2015) war ein weiterer bedeutender Moment, denn sie führte zu einer Vereinbarung, die alle einbezog. Angesichts der Tatsache, dass die in der vorherigen Phase festgelegten Ziele nicht erreicht wurden, kann sie als Neuanfang angesehen werden. Das Abkommen ist am 4. November 2016 in Kraft getreten. Es handelt sich zwar um ein verbindliches Ab-

kommen, aber nicht alle Bestimmungen sind Verpflichtungen im strengen Sinne, und einige von ihnen lassen einen großen Ermessensspielraum zu. Darüber hinaus sieht es selbst für nicht erfüllte Verpflichtungen keine eigentlichen Sanktionen vor und es gibt auch keine wirksamen Instrumente, um deren Einhaltung sicherzustellen. Es sieht zudem Formen der Flexibilität für die Entwicklungsländer vor.

48. Das Pariser Abkommen setzt ein wichtiges langfristiges Ziel, nämlich den Anstieg der globalen Durchschnittstemperaturen unter 2 Grad Celsius über dem vorindustriellen Niveau zu halten und gleichzeitig weniger als 1,5 Grad Celsius anzustreben. Man arbeitet noch daran, konkrete Überwachungsverfahren festzulegen und allgemeine Vergleichskriterien für die Ziele der verschiedenen Länder aufzustellen. Dies erschwert eine objektivere (quantitative) Bewertung der tatsächlichen Ergebnisse.

49. Nach einigen Konferenzen mit dürftigen Ergebnissen und der Enttäuschung der COP25 in Madrid (2019) hoffte man, dass diese Trägheit auf der COP26 in Glasgow (2021) überwunden

würde. Im Grunde kam man dort zu dem Ergebnis, das Pariser Abkommen neu zu beleben, das durch die Zwänge und Auswirkungen der Pandemie infrage gestellt worden war. Darüber hinaus gab es eine Fülle von „Aufrufen“, von denen man sich kaum echte Auswirkungen erwarten konnte. Die Vorschläge zur Gewährleistung eines raschen und effektiven Übergangs zu alternativen, weniger umweltschädlichen Energieformen konnten nicht weiterentwickelt werden.

50. Die COP27 in Sharm El Sheikh (2022) war von Anfang an durch die Situation bedroht, die durch die Invasion in der Ukraine entstanden war, welche eine große Wirtschafts- und Energiekrise verursachte. Der Einsatz von Kohle nahm zu und alle wollten ihre Versorgung sichern. Die Entwicklungsländer betrachteten den Zugang zu Energie und Entwicklungsmöglichkeiten als dringende Priorität. Es wurde klar erkannt, dass die fossilen Brennstoffe immer noch 80 Prozent der weltweiten Energieversorgung ausmachen und dass ihre Nutzung weiter zunimmt.

51. Diese Konferenz in Ägypten war ein weiteres Beispiel für die Schwierigkeiten der Verhandlun-

gen. Man könnte sagen, dass sie zumindest einen Fortschritt bei der Konsolidierung des Systems zur Finanzierung von „Verlusten und Schäden" in den am stärksten von Klimakatastrophen betroffenen Ländern gebracht hat. Dies schien den Entwicklungsländern eine neue Stimme und eine größere Teilhabe zu geben. Aber selbst bei diesem Thema blieben viele Punkte vage, insbesondere die konkrete Verantwortung der Länder, die einen Beitrag leisten sollen.

52. Heute können wir nach wie vor feststellen, dass „die getroffenen Vereinbarungen nur ein geringes Maß an praktischer Umsetzung [erfuhren], weil keine geeigneten Mechanismen zur Kontrolle, zur periodischen Überprüfung und zur Bestrafung der Zuwiderhandlungen eingerichtet wurden. Die formulierten Grundsätze fordern weiterhin wirksame und schnelle Wege der konkreten Verwirklichung".[32] Und ebenso können „die internationalen Verhandlungen [...] keine namhaften Fortschritte machen aufgrund der Positionen der Länder, die es vorziehen, ihre nationalen Interessen über das globale Gemeinwohl zu setzen. Diejenigen, welche unter den Folgen leiden werden, die wir zu überspielen suchen,

werden an diesen Mangel an Gewissen und an Verantwortlichkeit erinnern".[33]

5. WAS IST VON DER COP28 IN DUBAI ZU ERWARTEN?

53. Die Vereinigten Arabischen Emirate werden die nächste Konferenz der Vertragsparteien (COP 28) ausrichten. Es ist ein Land am Persischen Golf, das als großer Exporteur fossiler Energie gilt, auch wenn es erhebliche Investitionen in erneuerbare Energien getätigt hat. Zugleich streben die Öl- und Gasunternehmen dort neue Projekte an, um die Produktion noch weiter auszubauen. Zu sagen, dass man sich nichts zu erwarten braucht, gliche einer Selbstverstümmelung, denn es würde bedeuten, die gesamte Menschheit, insbesondere die Ärmsten, den schlimmsten Auswirkungen des Klimawandels auszusetzen.

54. Wenn wir auf die Fähigkeit des Menschen vertrauen, über seine kleinen Interessen hinauszugehen und im Großen zu denken, können wir nur hoffen, dass die COP28 zu einer deutlichen Beschleunigung der Energiewende mit wirksamen Verpflichtungen führt, die einer dauerhaften Überwachung unterliegen. Diese Konferenz kann

ein Wendepunkt sein, der beweist, dass alles, was seit 1992 getan wurde, ernsthaft war und sich gelohnt hat, andernfalls wird sie eine große Enttäuschung sein und all das Gute, das bisher erreicht werden konnte, in Gefahr bringen.

55. Trotz der vielen Verhandlungen und Vereinbarungen sind die weltweiten Emissionen weiter gestiegen. Es stimmt, dass man behaupten kann, dass sie ohne diese Abkommen noch stärker angestiegen wären. Aber bei anderen Umweltthemen wurden, wenn der Wille vorhanden war, sehr bedeutende Ergebnisse erzielt, wie beim Schutz der Ozonschicht. Demgegenüber geht der notwendige Übergang weg von fossilen Brennstoffen und hin zu sauberen Energiequellen wie Wind- und Solarenergie nicht schnell genug voran. Folglich besteht die Gefahr, dass das, was getan wird, nur als Ablenkungsmanöver interpretiert wird.

56. Wir müssen diese Logik überwinden, dass wir einerseits ein Problembewusstsein an den Tag legen und gleichzeitig nicht den Mut haben, wesentliche Veränderungen herbeizuführen. Wir wissen, dass wir bei diesem Tempo in nur wenigen Jahren die wünschenswerte Höchstgrenze

von 1,5 Grad Celsius überschreiten werden und nur wenig später 3 Grad Celsius erreichen könnten, mit dem hohen Risiko, an einen kritischen Punkt zu gelangen. Selbst wenn dieser Punkt, von dem es kein Zurück mehr gibt, nicht erreicht würde, wären die Auswirkungen katastrophal und es müssten in aller Eile unter enormen Kosten und mit äußerst schwerwiegenden und unerträglichen wirtschaftlichen und sozialen Folgen Maßnahmen ergriffen werden. Wenn auch die Maßnahmen, die wir jetzt anwenden, mit Kosten verbunden sind, so werden diese noch wesentlich höher sein, je länger wir warten.

57. Ich halte es für wesentlich, darauf zu bestehen, dass „einfach nur eine technische Lösung für jedes auftretende Umweltproblem zu suchen bedeutet, Dinge zu isolieren, die in der Wirklichkeit miteinander verknüpft sind, und die wahren und tiefsten Probleme des weltweiten Systems zu verbergen".[34] Es stimmt, dass Anpassungsbemühungen angesichts kurzfristig unumkehrbarer Übel notwendig sind; einige Eingriffe und technologische Fortschritte zur Absorption oder Bindung der emittierten Gase sind ebenfalls positiv; aber wir laufen Gefahr, in einer Logik des Ausbes-

serns, des Flickens und des Anbindens gefangen zu bleiben, während im Untergrund ein Prozess der Verschlechterung voranschreitet, den wir weiter fördern. Die Annahme, dass jedes künftige Problem mit neuen technischen Eingriffen gelöst werden kann, ist ein fataler Pragmatismus, der einen Schneeballeffekt hervorrufen würde.

58. Hören wir endlich auf mit dem unverantwortlichen Spott, der dieses Thema als etwas bloß Ökologisches, „Grünes", Romantisches darstellt, das oft von wirtschaftlichen Interessen ins Lächerliche gezogen wird. Geben wir endlich zu, dass es sich um ein in vielerlei Hinsicht menschliches und soziales Problem handelt. Deshalb bedarf es einer Beteiligung von allen. Auf Klimakonferenzen ziehen die Aktionen von sogenannten „radikalisierten" Gruppen oft die Aufmerksamkeit auf sich. In Wirklichkeit füllen sie jedoch eine Lücke in der Gesellschaft als Ganzer, die einen gesunden „Druck" ausüben müsste, denn es liegt an jeder Familie, zu bedenken, dass die Zukunft ihrer Kinder auf dem Spiel steht.

59. Wenn ein aufrichtiges Interesse besteht, die COP28 zu einer historischen Konferenz zu ma-

chen, die uns als Menschen ehrt und adelt, dann können wir nur auf verbindliche Formen der Energiewende hoffen, die drei Merkmale aufweisen sollten: dass sie effizient sind, dass sie verpflichtend sind und dass sie leicht überwacht werden können. Damit soll erreicht werden, dass ein neuer Prozess eingeleitet wird, der drastisch und intensiv ist und auf das Engagement aller zählen kann. Das ist auf dem bisherigen Weg nicht geschehen, aber allein mit einem solchen Prozess wäre es möglich, die Glaubwürdigkeit der internationalen Politik zurückzugewinnen, denn nur auf diese konkrete Weise wird es möglich sein, das Kohlendioxid nennenswert zu reduzieren und rechtzeitig die schlimmsten Übel zu vermeiden.

60. Hoffen wir, dass diejenigen, die sich einbringen, strategisch fähig sind, an das Gemeinwohl und an die Zukunft ihrer Kinder zu denken, statt an umstandsbedingte Interessen einiger Länder oder Unternehmen. Mögen sie auf diese Weise den edlen Charakter der Politik sichtbar machen und nicht deren beschämende Züge. An die Mächtigen erlaube ich mir erneut diese Frage zu richten: „Warum möchte man heute eine Macht bewahren, die in die Erinnerung eingehen wird

wegen ihrer Unfähigkeit einzugreifen, als es dringend und notwendig war?“[35]

6. GEISTLICHE BEWEGGRÜNDE

61. Ich möchte es nicht unterlasssen, die katholischen Gläubigen an die Beweggründe zu erinnern, die sich aus ihrem Glauben ergeben. Ich ermutige die Brüder und Schwestern anderer Religionen, dasselbe zu tun, denn wir wissen, dass echter Glaube nicht nur das menschliche Herz stärkt, sondern das ganze Leben verwandelt, die eigenen Ziele verändert und die Beziehung zu den anderen wie auch die Verbindung mit der ganzen Schöpfung in eine neues Licht taucht.

IM LICHT DES GLAUBENS

62. Die Bibel berichtet, „Gott sah alles an, was er gemacht hatte: Und siehe, es war sehr gut" (Gen 1,31). Ihm gehört „die Erde und alles, was auf ihr lebt" (Dtn 10,14). Deshalb sagt er uns: „Das Land darf nicht endgültig verkauft werden; denn das Land gehört mir und ihr seid nur Fremde und Beisassen bei mir" (Lev 25,23). Deshalb gilt: „Die-

se Verantwortung gegenüber einer Erde, die Gott gehört, beinhaltet, dass der Mensch, der vernunftbegabt ist, die Gesetze der Natur und die empfindlichen Gleichgewichte unter den Geschöpfen auf dieser Welt respektiert.“[36]

63. Auf der anderen Seite zeigt „die Gesamtheit des Universums mit seinen vielfältigen Beziehungen [...] am besten den unerschöpflichen Reichtum Gottes“; daher müssen wir, um weise zu sein, „die Verschiedenheit der Dinge in ihren vielfältigen Beziehungen wahrnehmen“.[37] Auf diesem Weg der Weisheit ist es für uns nicht unerheblich, dass viele Arten aussterben und dass die Klimakrise das Leben so vieler Wesen bedroht.

64. Jesus „konnte andere auffordern, auf die Schönheit zu achten, die es in der Welt gibt, denn er selbst war in ständigem Kontakt mit der Natur und widmete ihr eine von Liebe und Staunen erfüllte Aufmerksamkeit. Wenn er jeden Winkel seines Landes durchstreifte, verweilte er dabei, die von seinem Vater ausgesäte Schönheit zu betrachten, und lud seine Jünger ein, in den Dingen eine göttliche Botschaft zu erkennen“.[38]

65. Gleichzeitig „erscheinen uns die Geschöpfe dieser Welt nicht mehr als eine bloß natürliche Wirklichkeit, denn geheimnisvoll umschließt sie der Auferstandene und richtet sie auf eine Bestimmung der Fülle aus. Die gleichen Blumen des Feldes und die Vögel, die er mit seinen menschlichen Augen voll Bewunderung betrachtete, sind jetzt erfüllt von seiner strahlenden Gegenwart".[39] Es entfaltet sich „das Universum [...] in Gott, der es ganz und gar erfüllt. So liegt also Mystik in einem Blütenblatt, in einem Weg, im morgendlichen Tau, im Gesicht des Armen".[40] Die Welt lässt ein Lied unendlicher Liebe erklingen, wie könnten wir nicht für sie sorgen?

GEMEINSAM UND ENGAGIERT UNTERWEGS SEIN

66. Gott hat uns mit allen seinen Geschöpfen verbunden. Allerdings kann uns das technokratische Paradigma von der Welt um uns herum isolieren und uns darüber hinwegtäuschen, dass die ganze Welt eine „Kontaktzone" ist.[41]

67. Die jüdisch-christliche Weltanschauung besteht auf dem besonderen und zentralen Wert des Menschen inmitten des wunderbaren Konzerts aller Lebewesen, aber heute sind wir gezwungen zu erkennen, dass man nur von einem „situierten Anthropozentrismus“ sprechen kann. Das heißt, wir müssen anerkennen, dass das menschliche Leben ohne andere Lebewesen nicht verstanden und nicht aufrechterhalten werden kann. Es gilt, „dass sämtliche Geschöpfe des Universums, da sie von ein und demselben Vater erschaffen wurden, durch unsichtbare Bande verbunden sind und wir alle miteinander eine Art universale Familie bilden, eine sublime Gemeinschaft, die uns zu einem heiligen, liebevollen und demütigen Respekt bewegt“.[42]

68. Dies ist kein Produkt unseres Willens, sondern hat einen anderen Ursprung, der an der Wurzel unseres Daseins liegt, denn „durch unsere Leiblichkeit hat Gott uns so eng mit der Welt, die uns umgibt, verbunden, dass die Desertifikation des Bodens so etwas wie eine Krankheit für jeden Einzelnen ist, und wir können das Aussterben einer Art beklagen, als wäre es eine Verstümmelung“.[43] Machen wir also Schluss mit der Vorstellung eines autonomen, allmächtigen, un-

begrenzten Menschen und überdenken wir uns selbst, um uns auf eine demütigere und umfassendere Weise zu verstehen.

69. Ich lade einen jeden ein, diesen Weg der Versöhnung mit der Welt, die uns beherbergt, zu begleiten und ihn mit einem eigenen Beitrag zu bereichern, denn unser Engagement hat mit der persönlichen Würde und den großen Werten zu tun. Ich kann jedoch nicht bestreiten, dass es notwendig ist, aufrichtig zu sein und anzuerkennen, dass die wirksamsten Lösungen nicht allein von individuellen Bemühungen, sondern vor allem von bedeutenden Entscheidungen in der nationalen und internationalen Politik kommen werden.

70. Gleichwohl trägt alles zum Ganzen bei und das Verhindern des globalen Temperaturanstiegs um ein Zehntelgrad könnte schon reichen, um vielen Menschen Leid zu ersparen. Aber was zählt, ist etwas weniger Quantitatives, nämlich die Erinnerung daran, dass es keine dauerhaften Veränderungen ohne kulturellen Wandel gibt, ohne eine Reifung im Lebensstil und der gesellschaftlichen Überzeugungen, und es gibt keinen kulturellen Wandel ohne einen Wandel in den Menschen.

71. Das Bemühen der Haushalte um weniger Verschmutzung, um eine Reduzierung des Abfalls und um einen umsichtigen Konsum schafft eine neue Kultur. Der bloße Umstand, die persönlichen, familiären und gemeinschaftlichen Gewohnheiten zu ändern, nährt die Besorgnis angesichts nicht wahrgenommener Verantwortung durch politische Akteure und die Empörung gegenüber dem Desinteresse der Mächtigen. Es ist also festzustellen, dass es durchaus hilft, große Transformationsprozesse in Gang zu setzen, die aus der Tiefe der Gesellschaft heraus wirken, auch wenn dies quantitativ gesehen nicht unmittelbar zu sehr relevanten Auswirkungen führt.

72. Wenn wir bedenken, dass die Emissionen pro Person in den Vereinigten Staaten ungefähr doppelt so hoch sind wie die eines Einwohners von China und circa siebenmal so hoch wie der Durchschnitt der ärmeren Länder,[44] dann können wir bekräftigen, dass eine umfassende Veränderung des unverantwortlichen Lebensstils, der mit dem westlichen Modell verbunden ist, eine bedeutende langfristige Wirkung hätte. Zusammen mit den unentbehrlichen politischen Entscheidungen wären wir so auf dem Weg der gegenseitigen Fürsorge.

73. „Lobt Gott“ ist der Name dieses Schreibens. Denn ein Mensch, der sich anmaßt, sich an die Stelle Gottes zu setzen, wird zur schlimmsten Gefahr für sich selbst.

Gegeben zu Rom, bei Sankt Johannes im Lateran, am 4. Oktober, dem Fest des heiligen Franz von Assisi, im Jahr 2023, dem elften meines Pontifikats.

FRANZISKUS

Anmerkungen

1 United States Conference of Catholic Bishops (USCCB), Global Climate Change Background, 2019.

2 Sonderversammlung der Bischofssyonde für die Pan-Amazonas-Region, Schlussdokument, Oktober 2019, 10: AAS 111 (2019), 1744.

3 Symposium of Episcopal Conferences of Africa and Madagascar (Sceam), African climate dialogues communiqué, Nairobi, 17. Oktober 2022.

4 Vgl. Intergovernmental Panel on Climate Change (IPCC), Climate Change 2021, The Physical Science Basis, Cambridge and New York 2021, B.2.2.

5 Vgl. ders., Climate Change 2023, Synthesis Report, Summary for Policymakers, B.3.2. Für den Bericht 2023 wird Bezug genommen auf https://www.ipcc.ch/report/ar6/syr/downloads/report/IPCC_AR6_SYR_SPM.pdf.

6 Vgl. United Nations Environment Program, The Emissions Gap Report 2022: https://www.unep.org/resources/emissions-gap-report-2022.

7 Vgl. National Oceanic and Atmospheric Administration, Earth System Research Laboratories, Global Monitoring Laboratory, Trends in Atmospheric Carbon Dioxide: https://www.gml.noaa.gov/ccgg/trends/.

8 Vgl. IPCC, Climate Change 2023, Synthesis Report, Summary for Policymakers, A.1.3.

9 Vgl. ebd., B.5.3.

10 Dies sind die Daten des Intergovernmental Panel on Climate Change (IPCC), die auf 34.000 Studien beruhen: IPCC, Synthesis Report of the Sixth Assessment Report (20/03/2023): AR6 Synthesis Report: Climate Change 2023.

11 Vgl. IPCC, Climate Change 2023, Synthesis Report, Summary for Policymakers, A.1.2.

12 Ebd.

13 Enyklika Laudato si' (24. Mai 2015), 101: AAS 107 (2015), 887.

14 Ebd., 105: AAS 107 (2015), 889.

15 Ebd., 106: AAS 107 (2015), 890.

16 Ebd., 104: AAS 107 (2015), 888-889.

17 Ebd., 105: AAS 107 (2015), 889.

18 Ebd., 139: AAS 107 (2015), 903.

19 Ebd., 220: AAS 107 (2015), 934.

20 Vgl. Sverker Sörlin - Paul Warde, „Making the Environment Historical. An Introduction", in Nature's End: History and Environment, Basingstoke - New York 2009, 1-23.

21 Enzyklika Laudato si' (24. Mai 2015), 139: AAS 107 (2015), 903.

22 Vgl. Wladimir Solowjew, Drei Gespräche über Krieg, Fortschritt und das Ende der Weltgeschichte mit Einschluss einer kurzen Erzählung vom Antichrist, München 1979.

23 Vgl. Hl. Paul VI., Ansprache anlässlich des 25-jährigen Bestehens der F.A.O. (16. November 1970), 4: AAS 62 (1970), 833.

24 Enzyklika Fratelli tutti (3. Oktober 2020), 11: AAS 112 (2020), 972.

25 Vgl. ebd., 174: AAS 112 (2020), 1030.

26 Ebd., 172: AAS 112 (2020), 1029.

27 Ebd.

28 Vgl. ebd., 170: AAS 112 (2020), 1029.

29 Ebd.

30 Ebd., 175: AAS 112 (2020), 1031.

31 Enzyklika Laudato si' (24. Mai 2015), 179: AAS 107 (2015), 918.

32 Ebd., 167: AAS 107 (2015), 914.

33 Ebd., 169: AAS 107 (2015), 915.

34 Ebd., 111: AAS 107 (2015), 982.

35 Ebd., 57: AAS 107 (2015), 870.

36 Ebd., 68: AAS 107 (2015), 874.

37 Ebd., 86: AAS 107 (2015), 881.

38 Ebd., 97: AAS 107 (2015), 886.

39 Ebd., 100: AAS 107 (2015), 887.

40 Ebd., 233: AAS 107 (2015), 938.

41 Vgl. D. J. Haraway, When Species Meet, Minneapolis 2008, 205–249.

42 Enzyklika Laudato si' (24. Mai 2015), 89: AAS 107 (2015), 883.

43 Apostolisches Schreiben Evangelii gaudium (24. November 2013), 215: AAS 105 (2013), 1109.

44 Vgl. United Nations Environment Program, Emission Gap Report 2022: https://www.unep.org/resources/emissions-gap-report-2022.